die legende kehrt zurück!

• Gesamtausgabe •

TELL
BRANDING

TELL: Die Legende kehrt zurück!
Gesamtausgabe

ISBN 978-3-906885-03-2

Text und Zeichnungen: David Boller

Tell Branding, Samstagernstrasse 105, 9122 Wollerau - Schweiz
Tell © & ™ 2019 David Boller & Tell Branding. Alle Rechte vorbehalten.
Druck: Druckerei Steinmeier Gmbh, D-86738 Deiningen

1. Auflage November 2019

www.tellbranding.ch

Kapitel 1:
die legende kehrt zurück!

GEHÖRST DU ZU DIESEN BANDITEN ?

Nein, natürlich nicht. Ich bin Journalist.

In dem Moment realisiere ich, dass ich dem Tod ins Antlitz schaue.

Und ich renne so schnell mich meine Beine tragen.

Aus Angst, wie Freiwild abgeschossen zu werden.

Bis ich nicht mehr kann.

Habt ihr das gesehen ?

Er ist ein Held !

Meine Lungen sind am Zerbesten...

Ich habe es bis in die Menschenmenge geschafft.

Hier wird er mich nicht mehr finden.

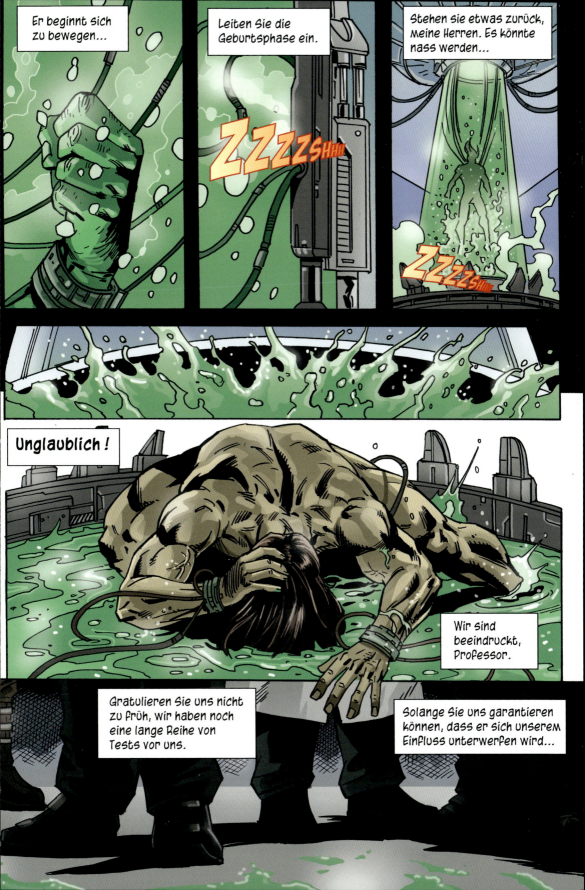

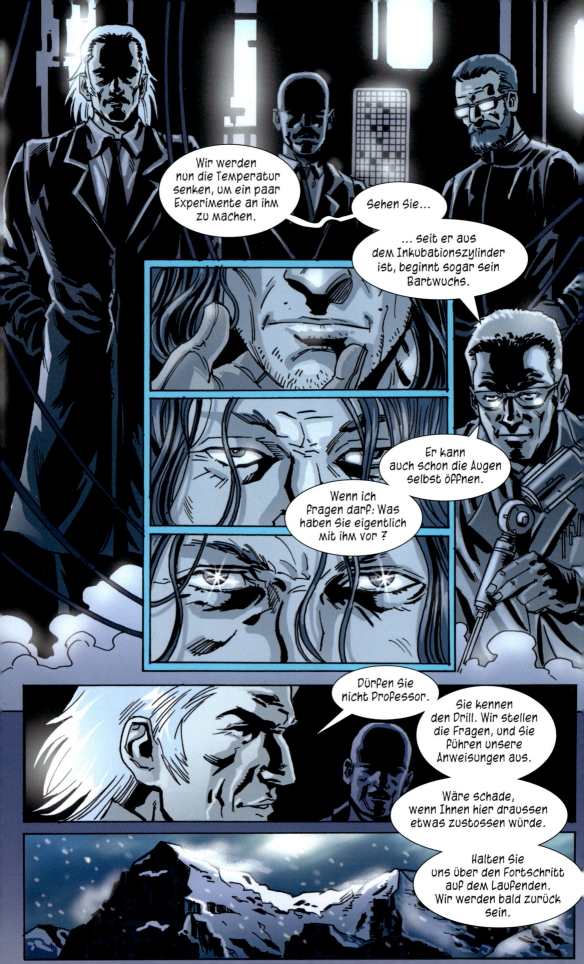

Dann wird die Presse ins Innere des Bundeshauses gelassen. Auch dort sind bewaffnete Polizisten allgegenwärtig.

SPF-Vorstand Cholbert ist auch schon angekommen und in ein Gespräch mit einem Parlamentarier verwickelt...

BI·DIBIP
BI·DIBIP

...als er eine SMS erhält.

X will mit Ihnen sprechen ...SOFORT!

Er schaut nervös um sich.

Die Sitzung ist im ersten Stock, Herr Cholbert.

Ich weiss, ich geh vorher nur noch aufs Klo.

Warum bin ich nur so verdammt neugierig. Etwas hat ihn offenbar aufgeregt. Ich werde ihm folgen.

Er aktiviert einen der Shuttles.

Das wars dann für mich. Ich hoffe, er hat mich nicht gesehen.

SSSSSSSS

Keine Lust, in einem Schweizer Gefängnis zu vergammeln.

Du Armer! Aber ich bin froh, dass du noch lebst.

Wir haben uns solche Sorgen um dich gemacht.

Wir?

Todrick und ich haben die Explosion und den Kampf zwischen den zwei Kreaturen im Fernsehen verfolgt...

Du hast dich wacker geschlagen, Finn. Gratulation...

Was macht er hier? Er wusste genau, was mich im Bundeshaus erwarten würde!

Nein, ich hatte nichts damit zu tun. Ich schwöre es...

Warum fällt es mir nur so schwer, dir zu glauben? Du würdest über Leichen gehen, um eine gute Story zu kriegen.

Sie müssen es nicht übertreiben. Sorgen Sie einfach dafür, dass er sich nicht zu sehr aufregt.

Bye, Schatz. Ich sehe dich dann in ein paar Tagen zuhause...

Halt die Ohren steif, Finn. Ich werde dich vorerst in Ruhe lassen... vielleicht...

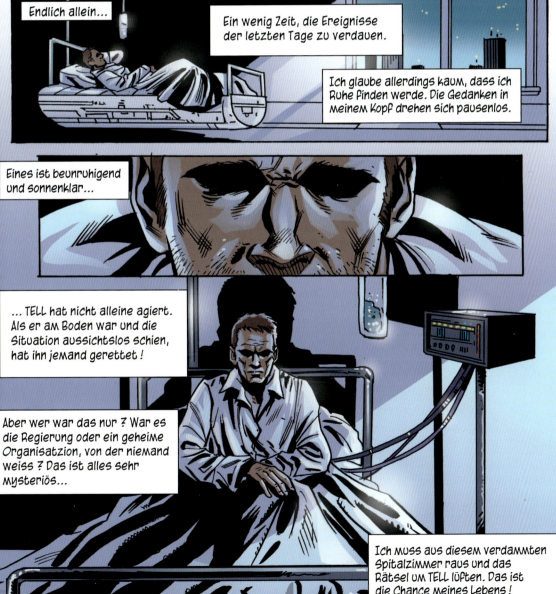

Endlich allein...

Ein wenig Zeit, die Ereignisse der letzten Tage zu verdauen.

Ich glaube allerdings kaum, dass ich Ruhe finden werde. Die Gedanken in meinem Kopf drehen sich pausenlos.

Eines ist beunruhigend und sonnenklar...

... TELL hat nicht alleine agiert. Als er am Boden war und die Situation aussichtslos schien, hat ihn jemand gerettet!

Aber wer war das nur? War es die Regierung oder ein geheime Organisatzion, von der niemand weiss? Das ist alles sehr mysteriös...

Ich muss aus diesem verdammten Spitalzimmer raus und das Rätsel um TELL lüften. Das ist die Chance meines Lebens!

Zürich brennt!

Nach der Explosion im Bundeshaus in Bern ist es in Zürichs oberer Stadt erneut zu schweren Ausschreitungen zwischen Linksautonomen und der Polizei gekommen.

Die Demonstranten fordern von der SPF eine transparentere Sozialpolitik sowie Klarheit über die Ereignisse der letzten Tage.

Die Vermutung, die SPF könnte mit dem Erscheinen von TELL und Gessler etwas zu tun haben, findet unter Verschwörungs-theoretikern immer mehr Zuspruch.

Alles soll nur der Ablenkung von wichtigeren Streitpunkten wie dem Klassenkampf, der Über-steuerung und des sich zu-nehmend verschlimmernden Klima-wandels dienen.

Könnte eine neue Steuer, wie sie Herrn Cholbert vorschwebt, den Unruhen wirklich entgegenwirken?

Finn, ich habe dir dein Abendessen zubereitet.

Danke, Elvy, bitte stell es auf den Tisch.

TELL scheint ausser Gefecht zu sein und die Gewalt auf den Strassen hat ein untragbares Ausmass erreicht.

Da die Herkunft und das Motiv von TELL bis heute ungeklärt sind und seine Methoden oft fragwürdig erscheinen, ist die Nation geteilter denn je. TELL, Freund oder Feind?

Als ich TELL in die Augen schaute, fiel mir sofort auf, dass er irgendwie leblos wirkte.

Mit der heutigen Technologie und genug finanziellen Mitteln sollte es doch möglich sein, ein künstliches Wesen, also eine Art Cyborg zu erschaffen.

Das klingt eher wie ein Fiebertraum.

Solltest du dich nicht ausruhen, anstatt den ganzen Tag im Internet rumzusurfen?

Tag? Du bringst mich gerade auf eine Idee...

Wir leben zweifellos in bewegten Zeiten, meine Damen und Herren.

Das Archiv des "Tages-Anzeigers" habe ich noch nicht durchsucht.

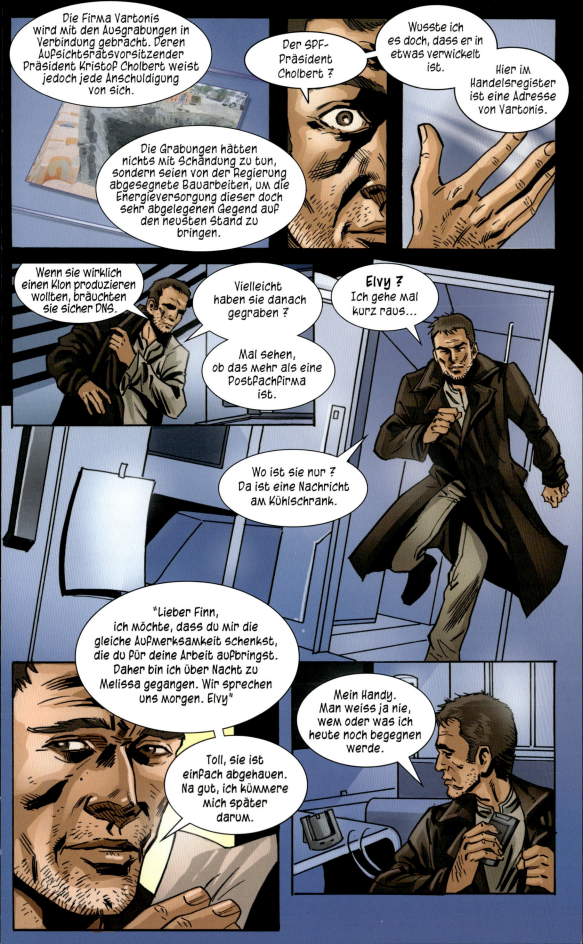

Kapitel 2: Walter!

Heftige Explosionen, wie von Geisterhand gezündet, zerreissen die letzten Überreste der Umzäunung.

Eine aufgebrachte Meute gesetzloser Kreaturen hetzt auf die Öffnung zu.

Jahre von Not und Entbehrung haben ihre Hemmschwellen gesenkt und nun rauben und plündern sie alles, was ihnen in die Hände fällt.

TELL MUSS einschreiten. Er ist unsere einzige Hoffnung!

BOOM!

BOOM!

Die wütende, plündernde Bande prescht zornig die Strasse hinunter und schert sich einen Dreck um die düstere Gestalt, die sich im Schatten einer unauffälligen Seitengasse verbirgt.

Die Gestalt, der sie ihre Freiheit verdanken. Ihr Name ist Gessler... Landvogt Gessler.

TELL ist genau derjenige, den er sucht. Es ist sein höchstes Ziel, ihn ein für alle Mal auszumerzen*.

*Siehe TELL: Band 1!

Der Befehl ist klar: Findet Gessler und vernichtet ihn!

Wir sind vorbereitet, besser ausgerüstet und in der Übermacht. Niemand kann uns besiegen.

Die letzte Niederlage* ist überwunden und wir sind entschlossen, das Monster zur Strecke zu bringen - **Befehl ist Befehl!**

Mein Sensor zeigt gewaltige Unruhen am Seebecken an. Und Gessler ist im Zentrum der Krawalle.

* Siehe TELL Band 1!

Ein Schlachtfeld, wie es dieses Land seit langer Zeit nicht mehr gesehen hat!

Ich weiss, dass ich nur dank Ihrem Einsatz und geschickter Manipulation, Parteivorsitzender bin.

Ich nehme jede erdenkliche finstere Seitengasse, um der Polizei und den Randalierern auszuweichen.

Sie waren drauf und dran, wegen Ihrer Unfähigkeit aus dem Verwaltungsrat von Vartonis geschmissen zu werden.

Das muss das Haus sein. Sieht verlassen aus, aber er hat eine Wache aufgestellt.

Jetzt muss ich mir nur noch etwas ausdenken, um den Posten abzulenken...

Warum müssen Sie das immer wieder erwähnen?

Diese Spiegelreflex-App, die ich kürzlich runtergeladen habe, bewährt sich endlich.

THWAM

Ahhh, was zum Teufel? Ich kann nichts sehen!

Ich erwähne Ihre Unfähigkeit, weil Ihnen nochmals das gleiche Schicksal droht wie bei Vartonis.

AHHHH... meine Augen, ich sehe nichts!

Der wird für eine Weile beschäftigt sein. Nichts wie rein...

Wir haben Sie in diese Position gebracht, weil sie dümmer und unfähiger als alle anderen waren... aber wenn Sie keine Resultat liefern, werden wir die Dinge in die eigene Hand nehmen...

THWAM

Aber... Mister X... was soll ich denn machen...?

Ha... ich höre schon Cholberts weinerliche Stimme... Bingo!

Sie können TELL unmöglich unter Kontrolle halten. Es bleibt mir nur eine Wahl...

... wir müssen den eingebauten Selbstzerstörungs-mechanismus aktivieren. Das wird TELL ein Ende bereiten!

Selbszerstörung?! Das gibt es doch nicht! Ich muss TELL sofort warnen...

Was?

Kapitel 3:

Unter falscher flagge!

Und ? Habe ich Zeit, meinen Burger fertig zu essen ?

Ich konnte keinen Kontakt herstellen...

... aber ich kenne jemanden, der es könnte.

In einer versteckten Gasse in der Innenstadt...

Du bist sooo heiss, Diane...

Ich will dich...

Was zum Teufel ?

Gleichzeitig im Hauptquartier der Illuminati...

Vorsicht... es könnten Fallen versteckt sein.

Ich erledige die Wachen!

THWAM

Schnell.... weiter...

KRRRRRZ

Die Inkubationsbehälter!

Da ist Walter...

Versuchen wir was anderes...

Wir sind drin...

Aber es zeigt nur einen Countdown !?

Kannst du die Datenbasis für geplante Aktivitäten durchsuchen !?

Seltsam... Es gibt eine Meldung, dass ein grosses Aufgebot an Truppen...

... am Sechseläutenplatz geplant ist.

Sie planen eine Attacke unter falscher Flagge auf das Opernhaus !?

Mr. Cholbert... danke für Ihre Zeit. Haben Sie einen Kommentar zur heutigen Tragödie?

Lydia, zuerst möchte ich mein herzlichstes Beileid für die Opfer und ihre Angehörigen dieses traurigen und feigen Anschlags aussprechen.

Einen Moment... unser Produzent hat eben die Meldung erhalten, dass die Attentäter gefunden und verhaftet wurden.

Die Polizei hat schnell gehandelt und alle Hebel in Bewegung gesetzt,...

... um die Terroristen zu finden.

Ihre Identitäten werden geheim gehalten und es wird kein Verfahren geben, um zu vermeiden, dass die Kriminellen zu Märtyrern werden.

Wir müssen zusammenhalten im Kampf gegen das Böse, das unsere Gesellschaft zerstören will!

Das Vartonis Hauptquartier...

Herr Cholbert, Mr. X ist angekommen und möchte Sie treffen...

Mr. X !?

Gut gemacht... Cholbert...

Wirklich ?

Sie haben von den Besten gelernt...

Die Leute sind komplett auf unserer Seite und bereit, alles zu geben, um einen imaginären Feind zu bekämpfen.

Ja, Herr... äh... Mr. X... Herr...

Jetzt müssen wir nur noch TELL deaktivieren...

... und dann ist alles wieder im Lot !

bonus:
die tell titelbilder

bonus episode:
tell in st. gallen

Ende dieser Episode.

BONUS:

HINTER DEN KULISSEN VON TELL

david Boller

David Boller wurde 1968 in Zürich geboren und wuchs mit einer gesunden Mischung aus Mangas, französischen Bandes Dessinées und amerikanischen Superhelden auf. Er entschloss sich Anfang der 90er Jahre, auf die amerikanische Joe Kubert School of Graphics and Cartoon Art in Dover, New Jersey, zu gehen.

Nach dem Abschluss der Schule arbeitete er für viele grosse Comic-Verlage wie Marvel, DC, Acclaim, Wildstorm, Top Cow und Lucasfilms. Er zeichnete beispielsweise für die Serien «Spider-Man», «Batman», «Witchblade», «Magic the Gathering», «Elfquest» und viele andere.

2008 zog es David Boller in die Schweiz zurück. Dort gründete er Virtual Graphics und Tell Branding, wo er auch seinen Supehelden-Comic TELL, basierend auf dem Wilhelm Tell-Mythos, veröffentlichte.

Heute lebt er in St. Gallen und zeichnet weiterhin Comics und Mangas für internationale Verlage sowie Storyboards für zahlreiche führende Unternehmen.

Foto: Michael Hug